AF498205

ARREST
DE LA COVR
DES MONNOYES,

Portant Reglement pour l'expoſi-
tion des Eſpeces d'or & d'argent:
Enſemble le décry des eſpeces legeres, & des Pieces d'Orenge contrefaites ſur les Louis d'or & d'argent de France, dont les figures
ſont cy empraintes.

Du premier Aouſt 1650.

A PARIS,

Chez SEBASTIEN CRAMOISY, Imprimeur
ordinaire du Roy, de la Reyne Regente,
& de la Cour des Monnoyes.

M. DC. L.
Auec Priuilege de ſa Maieſté.

EXTRAICT DES REGISTRES
de la Cour des Monnoyes.

SVR ce que le Procureur general du Roy a remonstré à la Cour ; Qu'encore qu'il ait fait toutes les diligences possibles pour faire executer les Edits de sa Maiesté, Arrests & Reglemens de ladite Cour, qui defendent à tous suiets de sadite Maiesté d'exposer & receuoir les Especes d'or & d'argent à plus haut prix qu'il n'est porté par les Ordonnances, & les especes legeres, tãt de France qu'estrangeres, comme si elles estoient de poids : Neantmoins il luy a esté impossible d'arrester le cours de ces abus, qui

incommodent le commerce, trou-
blent l'ordre qui doit eftre gardé
dans les Monnoyes, & donnent li-
cence aux Billonneurs, Rongneurs,
& faux -Monnoyeurs de les tranf-
porter hors le Royaume, les ron-
gner & alterer, mefmes à aucuns de
rechercher defdites Efpeces d'or &
d'argent legeres de France & eftrangeres, qui en donnent quelque be-
nefice par deffus leur iufte valeur,
pour les faire paffer dans les grands
payemens comme fi elles eftoient
de poids, par la trop grande facilité
& negligence que le peuple appor-
te à receuoir les Efpeces fans les pe-
zer & trefbucher contre la difpofi-
tion des Ordonnances, Arrefts &
Reglemens de ladite Cour : En for-
te que lefdites contrauentions &
def-obeiffances font paruenuës à
telle extremité, que plufieurs parti-
culiers s'efforcét d'expofer les Efcus

d'or iufques à cent cinq, & cent fix
fols ; les Louis & Piftolets d'Efpagne, à cent quatre & cent cinq fols ;
les doubles Louis & Piftoles à dix
liures huiɕ & dix fols ; les Quadruples à proportion ; & les Efcus d'argent de France, à foixante-vn fols :
Et que quelques perfonnes auffi
continuent de faire difficulté de
prendre & receuoir les Efpeces cy-
deuant appellées Quarts-d'efcu
d'ancienne fabrication pour vingt-
vn fols, les demy-quarts pour dix
fols fix deniers ; les Francs d'argent
pour vingt-huiɕ fols, les demy &
quarts à l'equipolent ; les Teftons
pour vingt fols fix deniers, les de-
my-Teftons à proportion, quoy
que lefdites Efpeces foient de leur
poids, trébuchantes fans remede de
grains : Et qu'au preiudice de l'Arreft de ladite Cour du dix-huiɕié-
me Decembre dernier, portant dé-

A iij

cry des Efpeces fabriquées en O-
range, contre-faites fur les Louis.
d'argent de France , de Soixante,
Tréte & Quinze fols, quelques par-
ticuliers les expofent & reçoiuent
dans les payemens : Et que pour
empefcher à l'aduenir ces defordres.
il feroit neceffaire d'ordonner de
plus grandes peines , que celles qui.
ont efté iufques à ce iour prononcées contre les coupables defdits.
abus & contrauentions : Requeroit
pour fa Maiefté y eftre pourueu. La.
matiere mife en deliberation: Tout
confideré : LA COVR, les Seme-
ftres affemblez, faifant droict fur le
requifitoire dudit Procureur General, a derechef fait & fait tres-ex-
preffes inhibitions & defenfes à
tous Suiets de fa Maiefté , Trefo-
riers, Receueurs Generaux & Par-
ticuliers, Fermiers, Officiers, Com-
ptables, Commiffionnaires, Mar-

chands, Banquiers, & tous autres, de quelque qualité & condition qu'ils foient, d'expofer ny receuoir aucunes Efpeces d'or & d'argent, tant de France, qu'Eftrangeres, à plus haut prix que celuy porté par les Edits & Declarations de fa Maiefté, Arrefts & Reglemens de ladite Cour: Sçauoir les Efcus d'or du poids de deux deniers quinze grains trefbuchans pour cent quatre fols, les Louis d'or & Piftolets d'Efpagne, de pareil poids, pour cent fols ; les doubles Louis & Piftoles du poids de cinq deniers fix grains trefbuchans pour dix liures ; les Quadruples du poids de dix deniers douze grains trefbuchans pour vingt liures; l'Efcu d'argent de France du poids de vingt-vn denier huict grains trefbuchant pour foixâtefols, les Pieces de Trente, Quinze & Cinq fols deleur poids pour leur prix; A enioint & enioint

de receuoir les Francs d'argent du
poids de vnze deniers vn grain tré-
buchans pour vingt huict sols , les
demy & quarts de Francs à proportion;les Pieces cy-deuant appellées
Quarts-d'escu pesans sept deniers
douze grains tresbuchans , pour
21. sols ; les Testons du poids de
sept deniers dix grains tresbuchans,
pour vingt sols six deniers , les demy Quarts-d'escu & demy Testons
à proportion : Et les autres Pieces
d'or & d'argent de France , & E-
strangeres qui ont cours , & qui se-
ront aussi de leur poids pour le prix
porté par lesdits Edit , Declaration
& Arrests ; comme aussi lesdits
Francs , auec le remede des six
grains pour vingt-sept sols, les de-
mis & quarts à l'equipolant ; les
Quarts- d'escu pour vingt sols; les
Testons pour dix-neuf sols six deniers,les demy quarts, & demy Testons

ſtons, auec le remede deſdits grains à proportion; Auec defenſes de re-fuſer leſdites Eſpeces pour leurdit prix: Le tout à peine de confiſca-tion, de cinq cens liures d'amende pour la premiere fois, & de puni-tion corporelle pour la ſeconde, le tiers deſdites amendes & confiſca-tions, appliquable au denoncia-teur. Fait en outre ladite Cour de-fenſes ſous les meſmes peines, à toutes perſonnes de rechercher, acheter & billonner, expoſer ny receuoir aucunes eſpeces d'or & d'argent legeres, ſoit au marc ou à la piece, tant de France, qu'Eſtran-geres, ny en meſler auec des peſan-tes aux payemens qui ſe feront par ſacs ou autrement, pour les faire paſſer comme ſi elles eſtoient de poids; ains leur enioint expreſſé-ment ſous les meſmes peines, de les peſer & treſbucher, & de porter ou

enuoyer les legeres incontinent &
sans delay aux Maistres & Fermiers
des Monnoyes, ou aux Changeurs,
pour en payer à l'instant la iuste valeur, suiuant le Tarif, & les sizailler
en presence des parties, pour estre
lesdites Especes fonduës & conuer-
ties en Monnoyes aux coins &
armes de sa Maiesté : Et au cas
qu'aucuns soient contraints de receuoir desdites Especes d'or & d'argent à plus haut prix, ou les legeres
pour pesantes, se pouruoiront en
ladite Cour, ou pardeuant les Iuges ressortissans en icelle, pour leur
estre fait droit: Faisant pareillemét
defenses d'exposer ny receuoir les
Especes d'or & d'argét, fabriquées
sous l'Effigie du Prince d'Orenge,
& contrefaites sur celles de France,
aux peines portées par ledit Arrest
de décry d'icelles du dix-huictiéme
Decembre dernier, & dont les em-

praintes feront figurées au bas du
prefent Arreft. A ordonné & or-
donne qu'à la Requefte dudit Procureur General , il fera inceffam-
ment informé, & fait le procez à
ceux qui contreuiendront cy-aprés
au prefent Arreft : Sçauoir, en cette
ville de Paris par les Confeillers qui
feront deputez par ladite Cour, &
dans les Prouinces par le premier
des Prefidens ou Confeillers d'icelle, trouuez fur les lieux, & en leur
abfence par les Generaux Prouin-
ciaux , Iuges & Gardes des Monnoyes , & par le Preuoft General
d'icelles : Et à ce qu'aucun n'en pretende caufe d'ignorance , fera le
prefent Arreft leu, publié & affiché
aux lieux accouftumez , en cette-
dite Ville & Faux-bourgs , & par
tout ailleurs où befoin fera, & ladite publication , & affiches mifes &
renouuellées de trois mois en trois

mois, tant en cette-dite Ville qu'en toutes les autres Villes de ce Royaume : Et à cet effet copies imprimées & collationnées par le Greffier de ladite Cour, feront à la diligence dudit Procureur General enuoyées à fes Subftituts, pour tenir la main à l'execution du prefent Arreft, & certifier ladite Cour auoir ce fait au mois. FAIT en la Cour des Monnoyes le premier Aouft mil fix cens cinquante.

Signé, DELAISTRE.

Enfuiuent les portraits des Efpeces décriées par le prefent Arreft.

L'an mil six cens cinquante, le Mercredy
dix-septiéme iour d'Aoust, l'Arrest cy-
dessus a esté leu & publié à son de
Trompe & cry public, aux Carre-
fours & autres lieux, tant ordinaires
qu'extraordinaires de cette Ville &
Faux-bourgs de Paris, en la presence de
nous Iean Gern premier Huissier en ladite Cour des Monnoyes, Iacques Blon-

del, & des Quatreuaux, Huif-
fiers en icelle, fouffignez, par Iean Ioffier
Iuré Crieur en ladite Ville Preuofté &
Vicomté de Paris, accompagné de trois
Trompettes, Iean du Bos, Iacques le
Frain, Iurez Trompettes du Roy efdits
lieux, & d'vn autre Trompette Commis.
Comme auffi a efté ledit Arreft affiché
par nous en tous les lieux accouftumez
de ladite Ville & Faux-bourgs de Paris,
à ce qu'aucun n'en pretende caufe d'ignorance. Signé, GERIN, BLONDEL,
& DES QVATREVAVX.

Collationné à l'Original par moy Con-
feiller, Secretaire du Roy, Maifon &
Couronne de France, & de fes Finan-
ces, Greffier en chef de la Cour des
Monnoyes, fous-figné.